颐和园藏文物大系

罗士澍敬题

颐和园藏文物大系

Compendium of the Cultural Relics in the Collection of the Summer Palace

玉器卷 II

北京市颐和园管理处　◎编

文物出版社

图书在版编目（CIP）数据

颐和园藏文物大系．玉器卷2 / 北京市颐和园管理
处编． —— 北京 ：文物出版社，2018.11
　　ISBN 978-7-5010-5709-2

　　Ⅰ．①颐… Ⅱ．①北… Ⅲ.①颐和园－古玉器－介绍
Ⅳ．①K872.1②K876.8

　中国版本图书馆CIP数据核字(2018)第219339号

颐和园藏文物大系·玉器卷 Ⅱ

编　　者　北京市颐和园管理处

扉页题字　苏士澍
特约编审　李克能

责任编辑　冯冬梅　徐　旸
顾　　问　于炳文
文物摄影　宋　朝
封面设计　程星涛
责任印制　陈　杰

出版发行　文物出版社
社　　址　北京市东直门内北小街2号楼
网　　址　http://www.wenwu.com
邮　　箱　web@wenwu.com
制版印刷　天津图文方嘉印刷有限公司
经　　销　新华书店
开　　本　635×965　1/8
印　　张　21.5
版　　次　2018年11月第1版
印　　次　2018年11月第1次印刷
书　　号　ISBN 978-7-5010-5709-2
定　　价　400.00元

目　录

图版

陈设摆件

青玉携琴访友插屏

清乾隆（1736~1795 年）

长 24 厘米　高 19 厘米　厚 5 厘米

◆　青玉质，有黄褐色玉绺。屏心双面纹
饰采用多层浮雕技法琢刻，正面雕琢一
位高士行于山路间，身后紧随一抱古琴
小童。整体构图利用了玉绺的走向、色
彩特征而布局，随形、随色，巧妙雕琢，
层次鲜明，意境深远。玉屏下配有花梨
木屏座。

御题紫檀框青玉蒲纹璧屏

璧：西汉（公元前 206~公元 8 年）

屏：清乾隆（1736~1795 年）

长 26.8 厘米　高 41.8 厘米　厚 13.2 厘米

◆　璧青玉质地，有黄色沁斑。璧体平圆，外圈阴刻灵芝纹饰，内圈雕琢排列整齐的蒲纹装饰，外圈有两圈圆形阴刻线相隔，璧面抛光较好。插屏框为紫檀制作，雕有海水龙纹等纹饰。正面中心位置雕刻坤卦符号，插屏背面雕刻隶书御制诗："围好琢嘉谷，芝纹外绕之。制虽非子执，器则实周遗。古气如可挹，土华常自披。寸阴珍是竞，兴嗣说言垂。乾隆丁亥夏日，御题。"

（正面）

碧玉刻御制诗插屏（一对）

清乾隆（1736~1795年）

长 35.5 厘米　高 40 厘米　厚 16 厘米

◆ 碧玉质，玉质匀净，颜色墨绿。插屏芯为长方形，形制规整，开料琢磨平匀。一件正面琢刻隶书乾隆御制诗："东郭还西墅，山家接水村。春朝庆老幼，丰岁足鸡豚。三代遗风在，一时深意存。治民无别术，饥饱俾寒温"。另一件正面琢刻隶书乾隆御制诗："山庄无别事，惟是祝年丰，纳稼村村急，高囷户户同，社常接鸡犬，邻不远西东，相聚农桑话，于于太古风"。两件背面阴刻雕琢出房屋村舍、人物等田野农庄图案与御制诗相应。琢刻字体古拙秀美，屏内四边阴刻纤细缠枝纹装饰；诗文字口和图案线条之内填涂金粉，使诗文、图案更为清晰鲜明，跃然而出。屏芯下配有硬木屏座。

（背面）

山莊無別事惟是
祝豐穰納稼郵上
急高囷戶己同社
常接雞犬鄰不遠
西東相縣農來詣
于于太古風
御製詩

（正面）

（背面）

山水人物翡翠插屏

清嘉庆（1796~1820 年）

长 25 厘米　宽 21 厘米　厚 1 厘米

◆　翡翠质，色白有少许绿色。插屏芯长方形，正面主体纹饰
为"九老图"，以减地浮雕方法呈现出云霓、山石、亭台、苍
松翠柏和人物；正面人物为"五老"和一童子；插屏背面雕"太
平有象"图。屏芯下配有硬木屏座。插屏为一对，此为其中一件。

仿乾隆御题"东王仙籍"翡翠插屏

民国

长 25 厘米　宽 21 厘米　厚 1 厘米

◆　翡翠质。整面翡翠色泽匀称，局部有色绺，以浮雕手法雕琢而成，正面雕有麻姑献爵的神话故事，并附铭"东王仙籍"。背面描绘的是麻姑向西王母献爵祝寿的场景，人物雕刻得细致传神。附象牙雕制底座。

白玉质。玉牌圆形，以浮雕和透雕手法琢制而成，最外侧
为两圈环形凹槽，内以如意云纹衬地，雕刻一楷书"寿"字；
玉牌背面光素。该器形规整，雕工精细，玉质光洁油润。此
玉牌为颐和园殿宇内硬木雕花炕床上部嵌饰。

白玉寿字圆牌

清（1644~1911 年）

直径 32 厘米 厚 1.2 厘米

◆ 白玉质。玉牌圆形，以浮雕和透雕手法琢制而成，最外侧
为两圈环形凹槽，内以如意云纹衬地，雕刻一楷书"寿"字；
玉牌背面光素。该器形规整，雕工精细，玉质光洁油润。此
玉牌为颐和园殿宇内硬木雕花炕床上部嵌饰。

白玉童子洗象

清乾隆（1736~1795 年）

长 15 厘米　宽 5.5 厘米　高 14 厘米

◆　白玉质。整料圆雕，双童子手持洗具，
骑于大象身上为其清洗。童子一左一右，
面带笑容，中间为太极图案。该器玉质
温润，雕工精细，抛光极好。"洗象"有
洗象更新之意。

白玉骑木马童子

清乾隆（1736~1795 年）

长 4.5 厘米　宽 3.6 厘米　高 8.2 厘米

◆　白玉质，略带黄皮。立体圆雕竹马
童子摆件。童子回首作嬉戏状，圆脸丰
腴，面带微笑，身着束腰外衣，肥宽裤，
平底鞋，一手持缰绳，一手持拨浪鼓，
一副天真活泼的样子。竹马由马头和轮
子组成，马头后一根竹子穿过童子胯下，
在身后连接轮子。童子和玩具具有写实
风格，神态生动，造型逼真，平添了几
分趣味。该器玉质细腻莹润，构思巧妙，
雕工精细，抛光极佳。

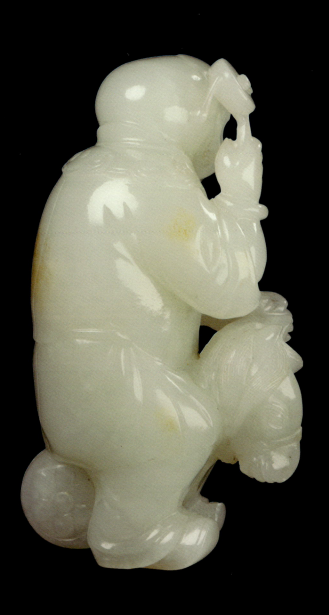
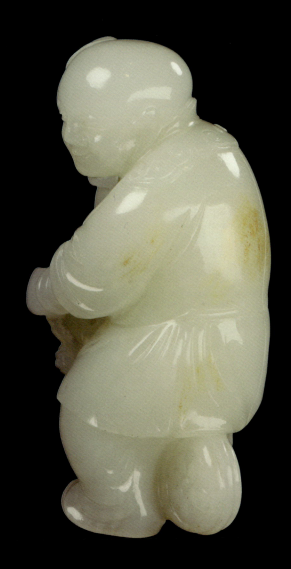

白玉持莲童子

清乾隆（1736~1795 年）

长 4 厘米　宽 3.2 厘米　高 8 厘米

◆　白玉质，略带皮色。圆雕一立像童子，着袖衫、肥裤，童子头微向右侧，一手举一莲花，花朵置其头顶，另一手持一鸟。童子五官表现丰富，以少量弧线表示衣纹。该器玉质洁白莹润，雕工精细，形态传神，抛光极好。"持莲童子"为传统纹样，有"连生贵子"之意，寓意吉祥。

白玉石榴童子

清乾隆（1736~1795 年）

长 8.3 厘米　宽 3 厘米　高 10.5 厘米

◆　白玉质，有黄皮。整料俏色巧雕，扁平形，石榴饱满圆润，成熟露子，枝叶相托，一男童伏于一石榴之上，憨态可掬。该器玉质温润，雕工精细，抛光极好。石榴童子寓意宜男多子，子孙满堂。

青玉童子牧牛

清光绪（1875~1911 年）

长 5.9 厘米　宽 4.1 厘米　高 2.5 厘米

◆　青玉质，有绺裂。整料雕琢，以圆雕
和透雕手法琢一水牛，口衔禾稻，四肢
卧地，回首与伏在身上的童子相望。童
子右手执鞭，肩背草帽。该器玉质温润，
雕工精细，抛光极佳，题材体现出一派
其乐融融、纯真闲适的田园气息。

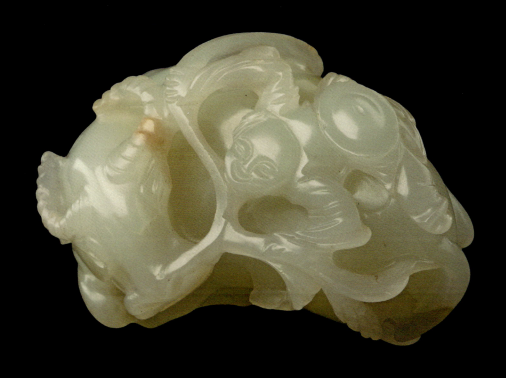

白玉双童

清（1644~1911 年）

长 5.3 厘米　宽 1.5 厘米　高 4.3 厘米

◆　白玉质。整料圆雕，呈桃形，雕琢童
子二人，面相丰腴，头扎双髻，双臂相搭，
双膝相抵，衣纹流畅自然，孩童喜笑颜
开、俏皮可爱。该器玉质莹润，构思巧妙，
雕工精细，抛光极好。童子寓意多子多
福、子孙兴旺。

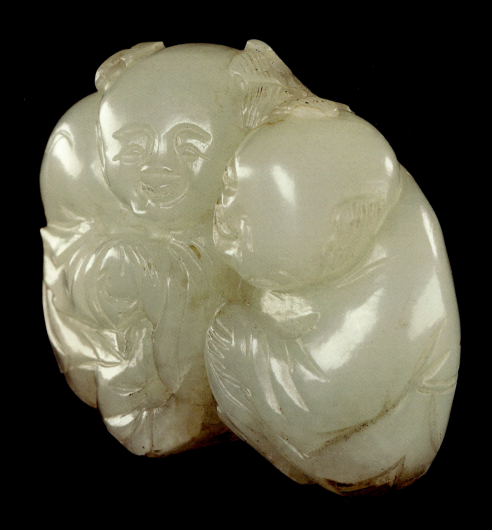

白玉抚羊仙姑

清乾隆（1736~1795 年）

长 7 厘米　宽 4.5 厘米　高 12 厘米

◆　白玉质，略带黄皮。整料雕琢，仙
姑立像面容慈祥，右手持梅，梅花绕其
身侧至背部，左手抚摸一卧羊。仙姑身
着毛领披肩。该器玉质莹润，雕琢精细，
抛光较佳。

白玉寿星

清乾隆（1736~1795 年）
长 5 厘米　宽 4 厘米　高 9.6 厘米

◆　白玉质，略带黄皮。圆雕寿星高额
长须，眉目祥和，身微前屈，一手捧桃，
一手执杖，宽袍大袖，衣袂飘逸。该器
玉质洁白莹润，雕工精细，抛光极佳，
寓意吉祥。

青玉寿星

清（1644~1911 年）

长 6.6 厘米　宽 4.6 厘米　高 16.3 厘米

◆　青玉质，带皮，有绺裂。圆雕寿星
立像，前额隆起，眉眼带笑，长髯垂垂，
面容慈祥，右手持如意，左手捧桃，衣
袂飘飘，纹理自然。玉料上的皮色被俏
色处理，使衣褶和仙桃更显生动自然。
该器玉质温润，雕工精细，抛光较佳。

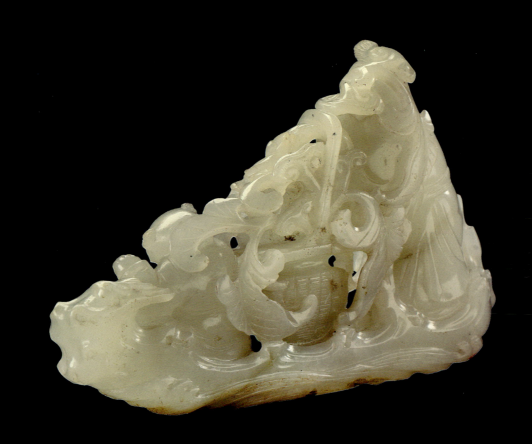

白玉麻姑献寿

清乾隆（1736~1795 年）

长 11.5 厘米　宽 2 厘米　高 7 厘米

◆　白玉质。整料雕琢，采用圆雕、镂
空技法，雕出仙人乘槎造型。花篮置于
槎中部，内放寿桃等仙果；麻姑面带笑容，
手持灵芝，立于槎尾；船夫亦笑容憨厚，
甚是喜人，双手持桨，向前划动。该器
玉质莹润，构思巧妙，雕工精细。民间
曾有三月三日西王母的寿辰时，麻姑在
绛珠河边以灵芝酿酒祝寿的传说，故古
时常以麻姑献寿题材为女性祝寿。

白玉刘海戏金蟾

清乾隆（1736~1795 年）

长 4.1 厘米　宽 1.4 厘米　高 4.7 厘米

◆　白玉质。圆雕刘海形象骑于蟾背，手
持钱串，似乎正在逗弄。该器玉质莹润，
雕工精细，线条洗练，抛光极佳。"刘海
戏金蟾"寓意财源滚滚，幸福美满。

白玉东方朔偷桃

清乾隆（1736~1795 年）
长 13 厘米　宽 5.7 厘米　高 12 厘米

◆　白玉质。整料雕琢，人物左足微前
立于石畔，右手持桃枝，宽袍博带，衣
褶线条流畅，腰间系带，眉目宛然。左
下方立一小兽，回首而望。此摆件玉质
温润，造型设计优美，雕工精湛，抛光
极佳。

子，童子手执绶带绣球，似戏耍小狮
子；小狮子摆尾回首，形态可爱。该器
玉质莹润，造型匀称，线条舒展，雕工
精细，少了几分仙气，更显亲和柔美。

青玉观音像

明（1368~1644 年）

长 9 厘米　宽 6 厘米　高 23.4 厘米

◆　青玉质。整料雕琢，观音呈直立姿
态，高髻长发，简衣宽裙，笑目温柔，
神态祥和，右手捧一瓶，左手抚瓶身，
置于身侧。玉瓶侈口圆肩，口内插入
一枝红珊瑚。观音膝下雕一童子和小狮
子，童子手执绶带绣球，似戏耍小狮
子；小狮子摆尾回首，形态可爱。该器
玉质莹润，造型匀称，线条舒展，雕工
精细，少了几分仙气，更显亲和柔美。

翡翠观音

清（1644~1911 年）

长 5 厘米　宽 4 厘米　高 19 厘米

◆ 翡翠质。整料雕琢，采用圆雕技法，雕琢观音立像，高髻垂发，神态慈祥；批斗篷式袈裟，胸前饰缨络；手腕戴玉镯，左手持柳枝，衣襟随风微扬。该器翠色莹绿，造型优美，雕工精细，抛光极佳。配木座。

白玉佛像

清光绪（1875~1908 年）
长 16.2 厘米　宽 8.1 厘米　高 40.5 厘米

◆　白玉质。整料圆雕，佛像螺发，宽额，
丰颐，闭目，大耳垂肩，身着袒胸袈裟，
衣褶折叠流畅。该器风格粗犷，雕工洗
练，线条简洁。

白玉鹿

宋（960~1279 年）

长 11 厘米　宽 3 厘米　高 5 厘米

◆　白玉质。整料圆雕，卧鹿形，通身
光素，臣字形大眼，大耳，短尾，曲颈
回首呈卧状带钩形，曲线优美流畅，神
态安详自然，体态丰韵。该器玉质温润
洁白，线条简洁，雕工精细，抛光极佳。
下配木座。

白玉凫鸟

清乾隆（1736~1795 年）

长 13 厘米　宽 6 厘米　高 11 厘米

◆　白玉质。整料圆雕，凫口衔谷梗
作回首状，长颈，短翅，翅与身有排
列整齐的羽毛，身肥硕，圆臀阔胸，
双足向后作划水状。整体造型生动，
栩栩如生。背负谷穗有岁岁平安之意，
又有五谷丰登之祈。该器玉质温润，
雕工精细，抛光极好。

白玉瑞兽

清乾隆（1736~1795年）

长 7 厘米　宽 3.6 厘米　高 2.5 厘米

◆　白玉质。整料雕琢，采用圆雕技法雕
琢异兽，回首，口衔花枝，兽背上驮有
一小兽。该器玉质莹润，构思巧妙，雕
工精细。"异兽"寓意"益寿"，有祥瑞
之意。

白玉太狮少狮

清乾隆（1736~1795年）

长 6.5 厘米　宽 4 厘米　高 3.3 厘米

◆　白玉质。整料雕琢成大小两狮形，大狮子额头饱满，面容慈蔼，呈伏卧状；小狮子立于母狮前侧，攀咬嬉戏，憨态可掬。该器玉质洁白，细腻温润，将圆雕与透雕的技艺相结合，表现手法灵动，雕工细致，线条流畅，抛光极好。"太狮少狮"谐音古代官名，"太师""少师"寓意世代为官。

白玉猫戏蜻蜓

清乾隆（1736~1795 年）

长 7.3 厘米　宽 5.2 厘米　高 4 厘米

◆　白玉质。整料雕琢，造型为一大二小
三只猫。大猫呈匍匐状，口衔蜻蜓左翅；
两小猫一只依偎于大猫之背，一只依偎
于大猫之尾，呈三猫戏蜻蜓之状，惟妙
惟肖。该器玉质莹润，造型新颖，形象
生动，雕工精细，抛光极好，颇具意趣。

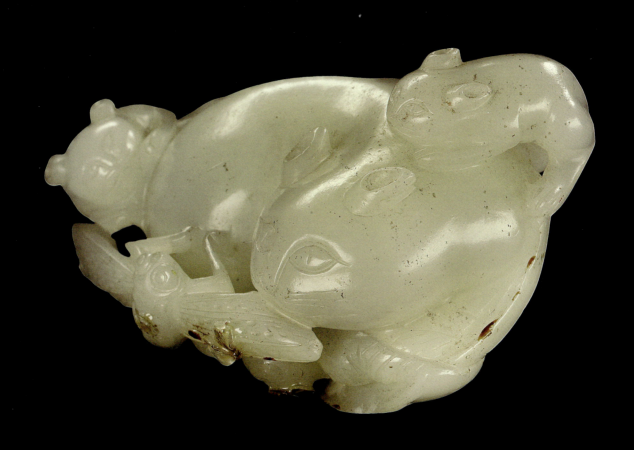

白玉鱼莲

清乾隆（1736~1795 年）

长 21.3 厘米　宽 4.5 厘米　高 10.3 厘米

◆　白玉质，略带黄皮。整料雕琢，采用圆雕技法，琢刻一条游弋于水中的鳜鱼。鱼小头，宽身，扇面状尾，背鳍挺拔；鱼嘴上翘，口衔一束荷叶莲花，在鱼身右侧伸展绽放。该器玉质莹润，设计新颖，造型优美，雕工精细，抛光极好。"连"与"莲"谐音，"鳜"与"贵"谐音，"鱼"与"余"谐音，故寓意"连年有余""富贵有余"。

白玉莲鱼

清乾隆（1736~1795 年）

长 7.5 厘米　宽 3 厘米　高 5 厘米

◆　白玉质。整料雕琢，器身主体为莲叶，鱼身呈腾跃状，如
跃浪而出，双侧碾琢扇形鳍，鱼尾卷曲有力，另有鱼附身莲叶；
该器玉质温润，造型写实，雕琢有力，配有木座，极具艺术欣
赏价值。"连"与"莲"谐音，"鱼"与"余"谐音，故寓意"连
年有余"。

一只头向前，一只回首，两只鸳鸯共衔

一荷花。此器玉质洁白温润，构思巧妙，

雕工精细，抛光极好。鸳鸯、荷花题材，

寓意夫妻百午好合，相亲相爱，白头偕老。

白玉鸳鸯

清乾隆（1736~1795 年）

长 6.1 厘米　宽 2.5 厘米　高 4.2 厘米

◆　白玉质。圆雕双鸳鸯呈划水姿态，

一只头向前，一只回首，两只鸳鸯共衔

一荷花。此器玉质洁白温润，构思巧妙，

雕工精细，抛光极好。鸳鸯、荷花题材，

寓意夫妻百午好合，相亲相爱，白头偕老。

青玉福寿

清乾隆（1736~1795 年）

长 19.5 厘米　宽 9.5 厘米　高 15 厘米

◆　青玉质，略带黄皮。整料随形雕琢，一枝双桃，一大一小，桃叶上伏一只蝙蝠，下部桃枝盘绕，枝叶苍劲，叶片舒展灵动。该器俏色巧雕，构思巧妙，寓意福寿吉祥。

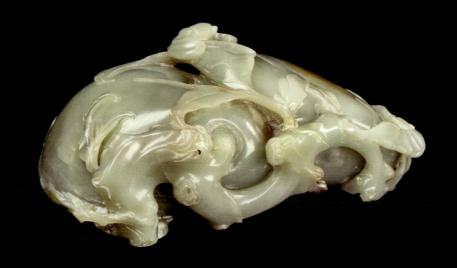

清乾隆（1736~1795 年）

白玉福寿齐眉

清乾隆（1736~1795 年）

长 5.5 厘米　宽 4.5 厘米　高 2.1 厘米

◆　白玉质。整料雕琢，形态以寿桃为主
体，折枝梅花附其上，梅枝上另附蝙蝠
和荸荠。该器玉质莹润，构思巧妙，雕
工精细。取寿桃"寿"意，取蝙蝠、荸荠、
梅花"福""齐""眉"之谐音，呈"福
寿齐眉"之意。

即"瓜瓞"，典故出自《诗·大雅·绵》："绵绵瓜瓞，民之初生"，寓意子孙昌盛，兴旺发达。

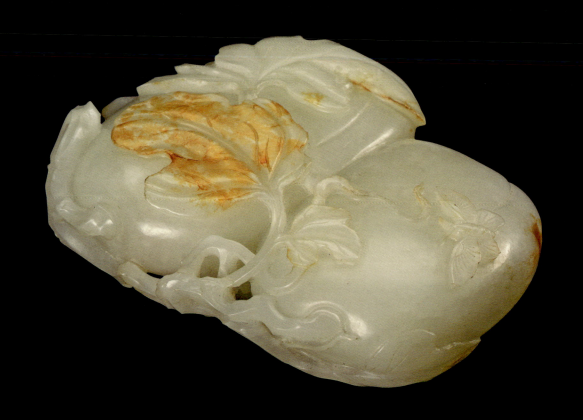

白玉瓜蝶

清乾隆（1736~1795 年）
长 9.7 厘米　宽 2 厘米　高 6.7 厘米

◆　白玉质，略带黄皮。摆件随形而雕，呈瓜形，枝藤盘绕，叶伏双瓜，蝴蝶游戏于瓜藤之间。该器玉质坚硬致密，均匀润泽，雕工精细，颇具意趣。"瓜""蝶"即"瓜瓞"，典故出自《诗·大雅·绵》："绵绵瓜瓞，民之初生"，寓意子孙昌盛，兴旺发达。

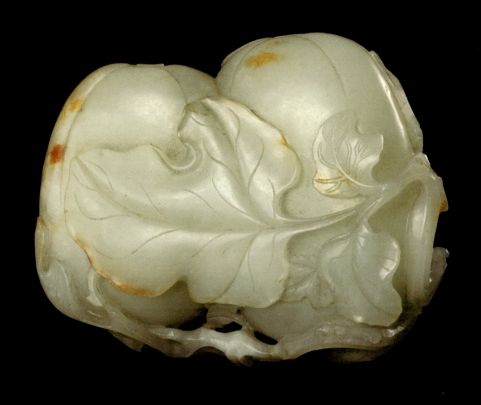

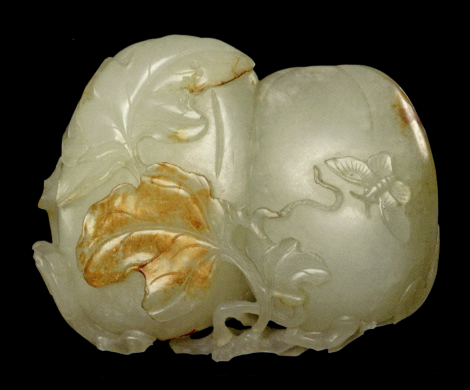

白玉螭龙谷纹璧

清乾隆（1736~1795 年）

直径 5.5 厘米　厚 0.8 厘米

◆　白玉质。玉璧以浮雕手法作一大一小两螭环绕，大螭目光
犀利，鬃发烈烈，爪利牙尖，骨肉虬劲，身姿舒展，长尾分叉；
小螭身短圆润，尾叉环绕，一爪抓大螭耳，一尾叉衔于大螭口。
玉璧另一面浮雕谷纹。该器玉质莹润，做工精良，立体生动，
配有硬木座。

青玉荷莲

清乾隆（1736~1795 年）

长 20 厘米　宽 4 厘米　高 11 厘米

◆　青玉质。整料雕琢，双莲蓬两侧有莲花，莲蓬饱满，莲子滚圆，有实有空，底为荷叶，并蒂同心，亦称芙蓉同心。该器玉质温润，造型生动，雕工精细，抛光极佳。下配有以藕荷为主体的器物座。并蒂莲寓意夫妻恩爱，形影相随，同心到老。

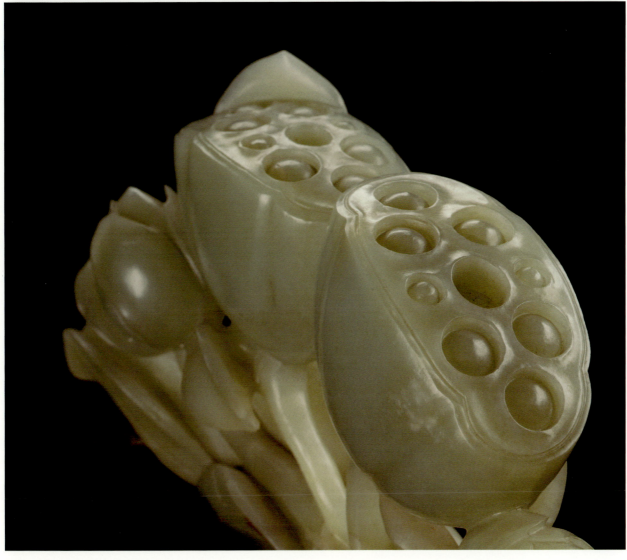

致，脉络清晰，形象灵活。该玉质温润，形象灵活。

青玉佛手

清乾隆（1736~1795 年）
长 17 厘米　宽 7 厘米　高 10 厘米

◆　青玉质。立体圆雕佛手，枝梗与果
实连结，局部以镂雕技法处理，增添了
佛手的轻灵意向；果实饱满，枝叶翻卷有
致，脉络清晰，形象灵活。该器玉质温润，
造型生动，雕工精细，抛光极好。佛手
寓意多福长寿，为吉祥瑞果。

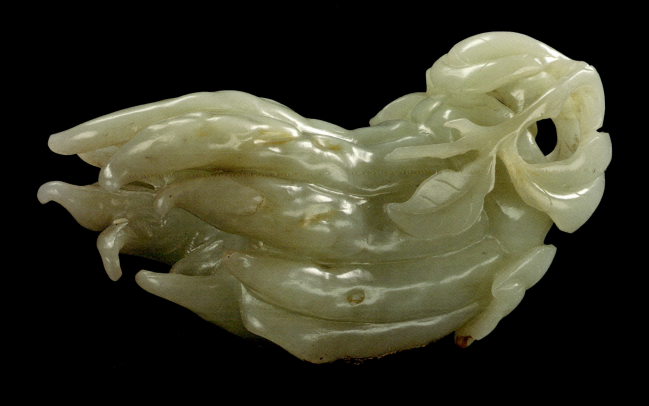

白玉玉兰花

清乾隆（1736~1795 年）

长 6.5 厘米　宽 4 厘米　高 11 厘米

◆　白玉质，局部黄皮色。整料雕刻玉
兰花形，花瓣向外敞开，层层包裹；花枝
弯曲，立体感极强。该器造型别致，形
象生动，雕工细致，富有文雅之气。

清乾隆（1736~1795 年）

长 6.5 厘米　宽 4 厘米　高 11 厘米

白玉事事如意

清（1644~1911 年）

长 9 厘米　宽 3 厘米　高 5.5 厘米

◆　白玉质，有绺裂。此摆件以圆雕和
透雕手法，雕琢带枝柿子一枚，其下为
曲柄灵芝一棵。该器玉质莹润，构思巧
妙，雕工精细。柿与"事"谐音，而灵
芝则与如意外形相似，故取"事事如意"
之美好祝愿。

白玉套环

清乾隆（1736~1795 年）

直径 5.8 厘米　厚 1 厘米

◆　白玉质。此器以透雕、浮雕、线刻等
工艺，琢雕成内外多层套环和连环。圆
环形制规整，由外至内有三层活动套环，
分别阴刻如意云纹、圆环纹和三角几何
纹，内环又镂雕小光素五连环。整件套
环摆件玉质匀净洁白，雕工精细，玲珑
剔透，巧妙灵动，抛光极佳。下配螭纹
木座。

白玉雕松鹿人物山景

清乾隆（1736~1795 年）

长 16 厘米　宽 5.5 厘米　高 13.8 厘米

◆　白玉质。该器整料随形而雕，雕琢出
山林景致，作品下部为山石，其上高树
成荫，松树下一人牵一小鹿，另一人回
首相望。山景玉质莹润，雕工精湛，纹
饰布局有致，以松、鹿、人的造型表现
吉祥长寿的主题。下配有木座。

白玉福寿万年如意

清乾隆（1736～1795 年）

长 40 厘米　宽 12 厘米　高 5.5 厘米

◆　白玉质。整料雕琢，如意首为云头形，柄长条形。如意首采用浅浮雕技法，雕饰蝙蝠、寿桃纹；如意柄雕饰灵芝、如意花草纹饰，寓意"福寿延年"之意；柄尾饰蝙蝠纹，有象鼻孔，挂黄色穗子。整体造型舒展优美，雕工细腻精致，抛光极佳。

长 44 厘米　宽 4 厘米　高 6 厘米

◆ 青玉质。整料雕琢，如意首为云头形，长条形柄，采用浅浮雕技法，雕饰蝙蝠、磬、万寿纹；如意柄身光素，柄尾雕饰三角回纹，有象鼻孔，挂黄色穗子。整体造型舒展优美，雕工细腻精致，抛光极佳。

白玉百宝嵌木柄福寿八宝如意

清乾隆（1736~1795 年）

长 44 厘米　宽 10 厘米　高 7 厘米

◆　首、尾白玉质，木柄。云头形首，斧形尾，彩石嵌寿桃、蝙蝠纹；中间木柄彩石嵌饰佛教八宝。盖、鱼、罐、花、螺、伞、肠、轮。该器造型精美，做工精细，装饰华丽，寓意吉祥。

白玉福禄寿喜雕花如意

清光绪（1875~1908 年）

长 50 厘米　宽 13 厘米　高 7.5 厘米

◆　白玉质。整料雕琢，首为不规则云头形，其内雕饰蝠纹、桃纹一周，将"囍"字环绕其中。中腹海棠形，雕饰蝠、鹿及灵芝，鹿身的花纹清晰可见。尾部海棠形，雕有灵芝及仙草纹，有象鼻孔，挂黄色穗子。该器造型优美，雕工精细，抛光较好。蝙蝠、桃、鹿及囍字分别代表了"福""禄""寿""喜"

青玉蟠桃如意

清（1644~1911 年）

长 40 厘米　宽 11 厘米　高 5 厘米

◆　青玉质。整料雕琢，云头形首，雕蟠桃纹，长柄，柄部修长弯曲，拱面中部浮雕佛手纹，尾部雕石榴，有象鼻孔，挂桔黄色穗子。该器琢工精细，玉质莹润，抛光极佳。佛手、桃、石榴被称为"三多"，即多福、多寿、多子。

器皿

青玉"大清乾隆仿古"款兽面纹方鼎

清乾隆（1736~1795 年）
长 22 厘米　宽 4 厘米　高 60 厘米

◆ 青玉质。仿古铜鼎造型，鼎身呈长方形，折沿，深腹，双立耳，四柱足；鼎腹四角及前后出扉棱；口沿及耳侧饰回纹，器身饰兽面纹，足饰蕉叶纹。底阴刻隶书"大清乾隆仿古"款识。

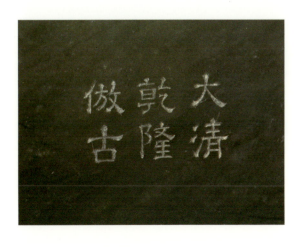

兽面纹龙耳活环翡翠方鼎

民国
长 22 厘米　宽 10 厘米　高 27 厘米

◆ 翡翠质。该器用料厚重，由盖和器身组成，子母扣相合，采用减地浅浮雕、镂雕、透雕、线刻等技法，雕琢细致精美。盖顶部雕有狻猊，形象生动，四周雕有夔凤等纹饰。鼎身两侧雕有龙耳、活环，正背面雕有饕餮纹。底阴刻伪托篆书"乾隆年制"款。该器古朴厚重，翠质莹润，雕工精细，抛光极佳。

白玉兽面纹方觚

明（1368~1644 年）

长 7.5 厘米　宽 7.5 厘米　高 25.5 厘米

◆　白玉质。该器造型仿古，敞口，长颈，
方腹，撇足，平底。颈、足雕饰蕉叶纹，
腹部刻兽面纹；觚的四角及四面中央雕饰
有扉棱。器身分为上、中、下三段，共
二十四条扉棱；方觚造型简洁，古朴大方。
玉制花觚始见于明朝，常置于案头，或
插入如意，或插博古挂件，以体现物主
人雅趣。

碧玉兽面纹觚

清乾隆（1736~1795 年）

直径 12.5 厘米　高 25 厘米

◆　碧玉质，有黑色斑点。器形仿古彝器，略有变化；长颈，阔口，器身起六条间断的凸棱，觚腹较短，上下内敛似鼓式，足形与觚颈同，略矮。该器造型在仿古的基础上稍加变化，显得端庄大方。

白玉龙纹活环扁壶

清乾隆（1736~1795 年）

长 11.7 厘米　宽 4.2 厘米　高 29 厘米

◆　白玉质。该器由盖与器身组成，折肩，深腹，圈足。盖饰云雷纹，盖纽为短提手状，左右各饰活环；平口，束颈，饰蕉叶纹，颈侧饰环形兽耳，耳配活环，腹中饰龙纹，腹下部饰莲瓣纹。此壶器型端庄周正，玉质莹润，造型别致，典雅秀丽，线条流畅，工艺精湛。

青玉海屋添筹螭耳扁壶

清乾隆（1736~1795 年）

长 11 厘米　宽 4 厘米　高 21 厘米

◆　青玉质。此器分为盖、身两部分。盖饰回纹，扁纽光素。平口，束颈，圆肩。颈侧饰螭龙形双耳，耳为镂雕。深腹，腹部渐收，雕海屋添筹纹饰，海浪翻滚，楼阁浮现于波涛之中，仙鹤口衔竹筹，飞翔于云间。整器造型端庄周正，装饰精美华丽，工艺精细。

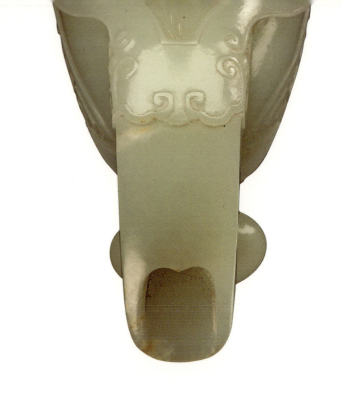

白玉雕花活环扁壶

清乾隆（1736~1795 年）
长 26 厘米　宽 6 厘米　高 9 厘米

◆　白玉质。该器由盖和壶身组成，子
母扣相合。椭圆形唇口，短束颈，颈部
饰云形纹饰一周，曲流，呈兽首形，流
下雕活环，扁腹，腹部浅浮雕变形夔纹，
螭龙形曲柄，四足外撇，足尖上卷。莲
花纽盖，盖身雕有莲瓣纹。该器造型精
巧，玲珑雅致，玉质温润，琢磨细致，
抛光精美。

白玉八宝壶

清（1644~1911 年）

长 10 厘米　宽 5.4 厘米　高 12.2 厘米

◆　白玉质，有绺裂。此壶以佛教八宝元素构成，造型奇特。盖顶螺纽，撑如意伞盖，宝轮为沿。壶身瓶形，肩披华盖，以鱼为流，盘长为柄，足雕莲花台底。八宝在佛教中寓意：法螺"具菩萨果妙音吉祥"，法轮"大法圆转万劫不息"，宝伞"张弛自如曲覆众生"，白盖"偏覆三千净一切药"，莲花"出五浊世无所染着"，宝瓶"福智圆满具完无漏"，金鱼"坚固活泼解脱坏劫"，盘长"回环贯彻一切通明"。白玉壶将佛教八宝形象融为一体，表示对吉庆祥瑞的祝愿。

青玉质。该器由盖和壶身组成，子母扣相合。盖为花形纽，椭圆形唇口，短束颈，长直流，溜肩，曲柄，扁长腹下收；流和曲柄处各雕有兽首；肩部、近足处均雕莲瓣纹；腹中部雕带状涡纹装饰。该器造型优美，雕工精细，抛光较好。

青玉莲瓣纹执壶

清（1644~1911 年）

长 18 厘米　宽 4.2 厘米　高 18 厘米

◆　青玉质。该器由盖和壶身组成，子母扣相合。盖为花形纽，椭圆形唇口，短束颈，长直流，溜肩，曲柄，扁长腹下收；流和曲柄处各雕有兽首；肩部、近足处均雕莲瓣纹；腹中部雕带状涡纹装饰。该器造型优美，雕工精细，抛光较好。

白玉兽面纹双耳扁瓶

明（1368~1644 年）

长 10 厘米　宽 4.5 厘米　高 30 厘米

◆　白玉质。此瓶由盖和瓶身组成，子母
扣相合，直口，螭耳，折肩，长腹，圈
足。盖雕饰结绳纹、如意云头纹和回纹，
口饰回纹；颈部饰如意云纹；腹部纹饰分
为两层，上层为兽面纹，下层为蝉纹。
该扁瓶工艺精湛，线条流畅，纹样繁复，
既有仿古风格的庄重敦厚，又兼备宫廷
工艺的细腻雅致，堪称佳品。下配木座。

白玉鳌鱼瓶

清乾隆（1736~1795 年）

长 13 厘米　宽 3.5 厘米　高 19 厘米

◆ 白玉质。整料雕琢，瓶身雕琢为鱼形，鱼头雕饰独角，瓶身内挖膛，大鱼翻身跃起，迎浪直上，口张目瞪，摇须摆尾。小鱼紧随其后，浮浪而出。鳞、鳍自然逼真，生动写实，雕工细腻，富有动感。底座木质，呈波浪形态，与玉鱼相配得宜。

白玉兽面纹活环方瓶

清（1644~1911 年）

长 23.5 厘米　宽 6.2 厘米　高 24.8 厘米

◆　白玉质，有绺裂。该器呈扁方形，由瓶盖与瓶身两部分组成。瓶方口，束颈，折肩，深腹，圈足。盖顶掏一桥形纽，压两活环，盖面暗刻兽面纹。盖与瓶对扣处雕雷纹，瓶口垂蕉叶纹，肩雕两象首衔活环；腹减地阳起兽面纹并以雷纹铺地；圈足雕饰雷纹。方瓶造型古朴，雕工精细，图案仿青铜器风格。

青玉云龙瓮

清乾隆（1736~1795 年）

长 55 厘米　宽 41 厘米　高 25 厘米

◆　青玉质，局部有浅褐色玉皮。器形硕大，为
一整块玉料制成，挖海棠形深腹，外壁浮雕海
水云龙，扬爪腾身，出没于惊涛骇浪之中，动
感极强。该器随料形而雕，纹饰繁密，雕工精细，
气势雄浑。内底琢刻隶书乾隆皇帝诗文："云宛
流兮龙见行，品诚称美制尤精。轻浮夔龥容将
布，动出之而态若生。本以无形思蕴石，忽成
有象拟连城。六清醴齐奚堪置，祇和尧年宝露
盛。乾隆丁酉春御题"。阴刻方形篆书"乾隆宸
翰"印章。

碧玉"大清乾隆仿古"款簋式炉

清乾隆（1736~1795 年）

长 21.2 厘米　宽 13.9 厘米　高 14.8 厘米

◆　碧玉质，局部泛灰白色并夹有褐色绺斑。该器为仿古簋式
炉造型，由盖和器身组成，子母扣相合。采用透雕和浮雕的技
法在器盖和耳部雕刻出龙形，器身上以减地阳起法雕琢兽面纹，
整体装饰浮华繁密，为乾隆时期典型的装饰风格。足底阴刻隶
书"大清乾隆仿古"款。

碧玉三鸠罐

清乾隆（1736~1795 年）

直径 10.2 厘米　高 9 厘米

◆　碧玉质，略带褐斑。唇口外撇，深膛，
壁厚，鼓腹，圈足；颈部等距圆雕三只鸟
首，器身浮雕鸟的羽翼纹饰，两两相接，
圈足处雕鸟爪。此罐纹饰构思巧妙，雕
刻工艺娴熟精湛，抛光较佳。

镶龙纹白玉顶松鹤碧玉圆盒（一对）

清乾隆（1736~1795 年）

直径 16 厘米　高 10.6 厘米

◆　碧玉质。由盒盖与盒身配套成器，子母扣。盖顶部
镶嵌白玉，雕团龙祥云纹饰。盒盖及盒身为碧玉，以浅
浮雕手法遍饰松树仙鹤，盒体呈弧形，平底。据史料
记载，光绪三十年（1904年）慈禧太后七旬万寿庆典，
溥侗曾进贡碧玉雕松鹤圆盒一对。

白玉秋蝉石榴形盒

清乾隆（1736~1795 年）

长 8 厘米　宽 6.5 厘米　高 4.3 厘米

◆　白玉质。器分上盖与盒身两部分，
子母口上下扣合，合口平整严密。盒身
饱满呈石榴形，盒盖顶部微凸，浅浮雕
石榴、枝叶、鸣蝉纹，雕工精细，玉质
莹润，自然留取洒金皮色。盖顶纹饰表
现细致，石榴成熟露出多子，枝叶环绕，
鸣蝉闲憩，生动形象，意趣盎然。盒身
光素，平底无纹。石榴多子，寓意子孙
繁衍绵延不断，多子多福。

腹部渐收，底为圈足。该器玉质色泽莹

润，通体光素无纹，壁薄体轻，抛磨精良，

线条流畅优美，技法高超娴熟。

青玉盘

清乾隆（1736~1795 年）

直径 20 厘米　高 3.6 厘米

◆　青玉质。此盘造型规整，口沿外撇，

白玉双鹿折耳花口杯盘

清嘉庆（1796~1820 年）

长 13.3 厘米，宽 11.5 厘米，高 5.8 厘米

◆　白玉质，略带黄皮。器由杯身和杯托组成。杯体呈莲瓣形，花口，深腹，圈足，耳上凸雕相对卧鹿。盘亦呈莲瓣形，沿上阴刻回纹，中部雕琢凸起折角形杯托，托沿饰花口莲瓣纹。该器玉质洁白莹润，造型华美，雕工精湛，富丽高贵。

青玉碗（一对）

清乾隆（1736~1795 年）

直径 16.2 厘米　高 6.5 厘米

◆　青玉质。碗口圆形，侈口，深腹下收，圈足。该器玉质莹润，器形规整，造型简洁，弧度圆润柔美，通体光素，做工精细，胎体薄厚均匀，风格典雅厚重。

白玉螭耳杯

明（1368~1644 年）

长 9 厘米　宽 7 厘米　高 4 厘米

◆ 白玉质。整料雕琢圆口杯，杯身内、外光素，杯柄圆雕螭虎耳；螭虎双爪伏于杯口，尾弯曲贴于外壁，身体弓为圆弧；该器玉质温润，造型构思新颖，线条明快、简洁、灵动、圆润，风格古朴雅致。

白玉葵口花耳杯

清乾隆（1736~1795 年）

直径 9 厘米　高 7.3 厘米

◆　白玉质。整料雕琢，杯口外敞，为八
瓣葵口，深腹下收，呈瓜棱形，小圈足；
杯侧饰镂雕缠枝花卉双耳，曲线婉转流
畅。整器构造巧妙，碾琢细腻，做工精细，
秀美灵动，匠心十足。

文房用具

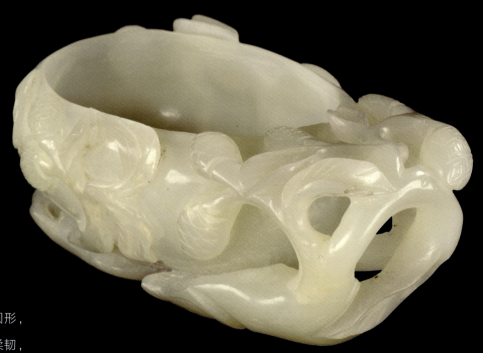

白玉枝果洗

明（1368~1644 年）

长 12 厘米　宽 7 厘米　高 4.5 厘米

◆　白玉质。整料雕琢，洗口呈椭圆形，挖膛，光素；外壁浮雕荔枝纹，枝干柔韧，叶片舒展，果实饱满，荔枝果壳暗刻菱形纹，形象逼真。该器玉质细腻温润，雕工精细，设计巧妙，颇具自然意趣。"荔枝"与"利至"谐音，有"利至连连""利至双倍"的美意。

青玉福寿桃形洗

清乾隆（1736~1795 年）

长 13.5 厘米　宽 13.1 厘米　高 6.4 厘米

◆　青玉质，带有少许黄皮。整料雕琢，
俏色随形雕琢成寿桃形，挖膛，膛内光
素；外壁浮雕枝叶，枝干粗壮，枝叶错
落有致，单阴刻线琢出叶脉；洗口雕饰两
只蝙蝠，翩翩飞舞，栩栩如生；桃枝与洗
口间雕饰一只爬伏灵猴，生动形象。该
器玉质温润，造型构思新颖，雕工精细，
抛光极佳。

白玉荷叶洗

清乾隆（1736~1795 年）

长 6.5 厘米　宽 6.5 厘米　高 3 厘米

◆　白玉质。整料雕琢，仿生造型，挖膛，
膛内光素；随形雕刻一片翻卷荷叶，舒放
内敛，洗池外有水草、荷叶相绕。该器
玉质选料上乘，构思精巧绝妙，做工精
致细腻，琢磨圆润，生动逼真，乃文房
雅器。

碧玉蝶耳活环缠枝番莲洗

清道光（1821~1850 年）

长 24 厘米　宽 16.5 厘米　高 7 厘米

◆　碧玉质，有黄褐斑。洗为圆口，厚壁，深腹，双耳衔活环，平底，三足；两耳雕琢呈蜻蜓形，衔光素活环，内底浮雕水仙灵芝纹，外壁雕缠枝莲纹。整体造型优美，器形古朴，雕工精细，纹饰清晰。

青玉山水人物笔筒

清乾隆（1736~1795 年）

直径 6.9 厘米　高 10.3 厘米

◆　青玉质。笔筒呈圆筒形，外壁浅浮雕自然山水风光和人物，山石耸立，松树苍劲，郁郁葱葱，人物于林间徜徉，风雅之气迎面而来。该笔筒器形规整，玉质莹润，雕刻洗炼写意，抛光极佳；画面中场景生动，构图和谐，层次分明。

白玉梅石绶带笔筒

清乾隆（1736~1795 年）

长 7.7 厘米　宽 3.6 厘米　高 11.5 厘米

◆　白玉质，玉质莹润，略带黄皮。该
器随形琢碾，外壁以浮雕技法雕琢树石、
花鸟纹饰，玉皮随色巧作，雕琢精细，
造型拙朴，抛光较佳。

碧玉九老图方笔筒

清乾隆（1736~1795 年）
长 15 厘米　宽 15 厘米　高 15 厘米

◆　碧玉质，玉质匀净，颜色墨绿。笔筒为海棠式方形，采用圆雕、浮雕、镂雕等技法在筒身四面开光，雕琢出山水人物、亭廊等景观。筒身下端雕琢如意头形四足。该器纹饰繁密，雕工精细，图案层次分明，呈现画境般的立体效果。

160

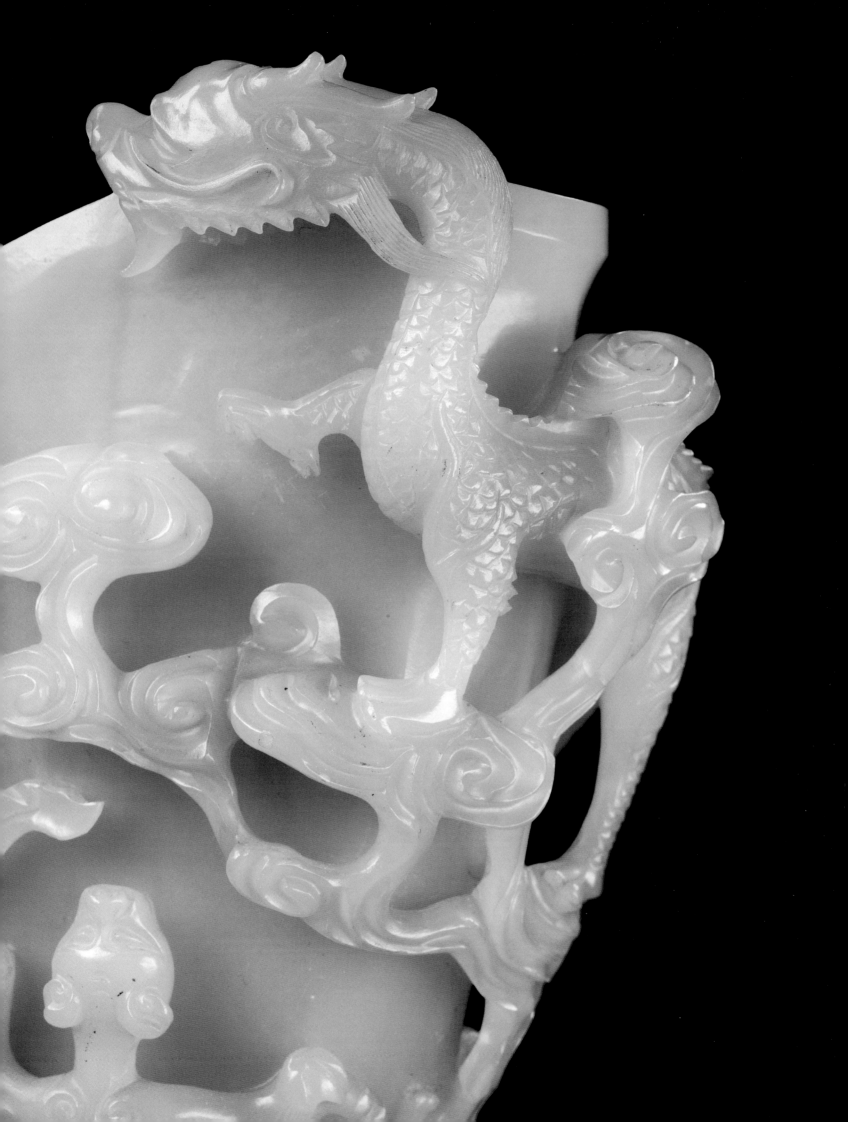

白玉仙童戏龙笔筒

清（1644~1911 年）

长 10 厘米　宽 4 厘米　高 12 厘米

◆　白玉质。整料雕琢扁圆形笔筒，唇口，筒外壁雕一仙童，一手持如意，一手持灵珠，向外高举；一侧镂雕龙纹，腾云驾雾，龙首朝向灵珠；下方雕一螭龙，头部从海浪中探出。该器造型精美，构思精妙，雕琢细致，抛光极佳。

白玉雕荷花水丞

清乾隆（1736~1795 年）

长 11.5 厘米　宽 8 厘米　高 7 厘米

◆　白玉质。整料雕琢，莲蓬与荷花连枝而雕，莲子清晰可见，花朵半开，荷叶卷曲，线条流畅，栩栩如生；莲蓬挖膛，中空，光素。该器雕工精细，构思巧妙，生动形象，并具有使用功能，带有高洁、明志、风雅之趣。

白玉福寿水丞

清乾隆（1736~1795 年）
长 6 厘米　宽 5.5 厘米　高 3.5 厘米

◆　白玉质。整料雕琢，水丞桃形，挖
膛呈圆形，膛内光素；外壁浮雕蝠纹、桃
枝纹。该器形体小巧，玉质温润，雕工
精细，寓意吉祥。

白玉镶碧玉毛笔

清（1644~1911 年）

直径 4.4 厘米　长 27.5 厘米

◆　白玉、碧玉质。此笔由白玉笔管、碧
玉笔斗及狼毫三部分组成，这种样式的
毛笔又称"提笔"。笔头以狼毫做成笋尖
造型；笔斗光素无纹，纳毫丰满；笔管平
直，造型古朴厚重，浅浮雕游龙，笔冠
雕饰莲瓣，雕工精细，抛光极佳，笔顶
处有一穿孔用于穿系挂绳。

白玉砚

清乾隆（1736~1795 年）

长 10 厘米　宽 7 厘米　高 1.5 厘米

◆ 白玉质。玉砚取材整块玉料雕琢而
成，呈椭圆形，砚面圆润微凸，上开浅
凹椭圆形砚堂和月牙形砚池，光素无纹，
温润洁白，风格静雅简洁，如一轮月魄
朗朗悬空。汉代《西京杂记》中记载："天
子以玉为砚，取其不冰。"可见，玉砚作
为玉雕中的一个品种，历史悠久。

编后记

　　文物出版社对颐和园文物出版工作的关注始于本世纪初。当时本书编辑因为所学专业的兴趣而加强了对园林文化、文物藏品图书的组稿工作，随同时任副总编辑和编辑部负责人与颐和园有关部门接触，并达成合作出版的意向。此后，双方合作出版了《颐和园藏明清家具》（精装本、聚珍版和英文版，2011年）和《胡博·华士绘慈禧油画像：历史与修复》两种画册。

　　2016年底，有关编辑部将《颐和园藏品系列图录》作为2017年重点选题申报，受到社领导的高度重视，张自成社长指示编辑和主管领导刘铁巍副总编辑与颐和园方面具体规划落实。在与颐和园秦雷副园长商谈之后，双方就出版《颐和园藏文物大系》达成共识。编辑出版工作随之进入快车道，各项具体工作依照日程安排有条不紊地展开。文物出版社及时完成了《颐和园系列图书策划案》和《颐和园藏文物大系策划案》，得到合作双方领导的认可。2017年，出版社和颐和园双方的工作团队展开密切沟通合作，确定了在2018年6月28日"颐和园成功申遗二十年"之际推出《颐和园藏文物大系》中的《玉器卷1》和《外国文物卷》两本图录。文物出版社安排摄影师在2018年春节之前完成了两本书收录文物的拍摄工作。以秦雷副园长为首的颐和园团队高效率高质量地整理藏品资料，摸清家底，还聘请专家把关，遴选文物，撰写文字，辛勤工作整整一个寒暑，将文字稿及时发至出版社。

　　2018年，图书正式进入编辑出版流程，文物出版社一以贯之地坚持本社宗旨"坚持特色，精益求精"，在图文审稿、编辑、装帧设计、选纸选料、印刷装订各个环节均高标准、严要求，在预定时间内先期完成《玉器卷1》和《外国文物卷》的出版发行，为颐和园系列图书项目的运作和出版打下了良好的基础。

　　从开始策划组稿到图书正式出版，我们走过了十多个寒暑，终于迎来了收获成果的季节。《颐和园藏文物大系·玉器卷2》付梓在即，其余各卷也将陆续编辑出版。以我们的辛勤工作能够为读者奉献多卷本的精品图书，为国家的文化建设大厦增砖添瓦，相信所有参与其事者都会感到欣慰和骄傲，所有付出的时间、精力和汗水都是值得的。

《颐和园藏文物大系》的出版，是颐和园和文物出版社亲密合作、共同努力的成果。我们应该感谢北京市公园管理中心，感谢颐和园秦雷副园长和文物出版社张自成社长等领导，没有他们的远见、决策和大力支持，就难以调动包括人员、资金在内的各方面的资源，也不可能顺利完成这项文化工程。本项目的策划、论证和组稿过程中，文物出版社先后几位分管业务的领导直接参与其事，前副总编辑李克能，前编辑部主任、现任总编辑张广然，现任副总编辑刘铁巍，颐和园副园长秦雷等亲历亲为，编辑部主任张玮和颐和园文物管理部主任周尚云、副主任隗丽佳带领部门成员全力以赴，高效工作，直接参与合作双方的会晤商谈工作，使得一些具体工作能够顺利进行。

感谢玉器研究专家古方先生和本社资深编辑李克能、于炳文、张征雁诸位先生，为本书编辑出版给予了专业指导。李克能先生在国外探亲期间还应约修改审定了《颐和园藏文物大系策划方案》，并承担了图书校样的审读工作，对编辑工作提出有益的建议。于炳文先生对文物图版的校色提供了指导和帮助。

摄影师刘小放、宋朝不畏寒暑，辛勤工作，高质量地完成了本书的全部文物拍摄。设计师程星涛、刘远不厌其烦，对图书的装帧方案多次改进，直至达到各方面的要求。冯冬梅副编审在颐和园系列图书项目的策划、组稿和联络协调方面做了大量的具体工作，并与承担责任编辑任务的徐旸和赵磊一起，分工协作，默契配合，保证了图书编校工作的顺利进行和图文编校的质量。文物出版社的合作伙伴北京图文天地制版印刷有限公司在图书出版的最后一个环节排版、制版和印刷装订过程中一丝不苟、认真负责地工作。因为有他们努力和付出，才使得图书的编辑出版臻于完美。

特别感谢文物出版社名誉社长、中国书法家协会主席苏士澍先生为本书题写书名。

谢谢所有的合作者、参与者，为国内外读者更加深入地了解和认识世界文化遗产颐和园丰富的历史文化内涵，感受其非凡的艺术魅力而推出了颐和园系列精品图书。有意义的工作经历总是令人难忘的，永远值得我们珍惜、回忆。

编者
2018 年